Impressum
Verlag: BABADADA GmbH, Nedderfeld 112 , 22529 Hamburg
Geschäftsführer / Verlagsleitung: Harald Hof
Druck: Books on Demand GmbH, In de Tarpen 42, 22848 Norderstedt

Imprint
Publisher: BABADADA GmbH, Nedderfeld 112 , 22529 Hamburg, Germany
Managing Director / Publishing direction: Harald Hof
Print: Books on Demand GmbH, In de Tarpen 42, 22848 Norderstedt, Germany

sekolah
المدرسة

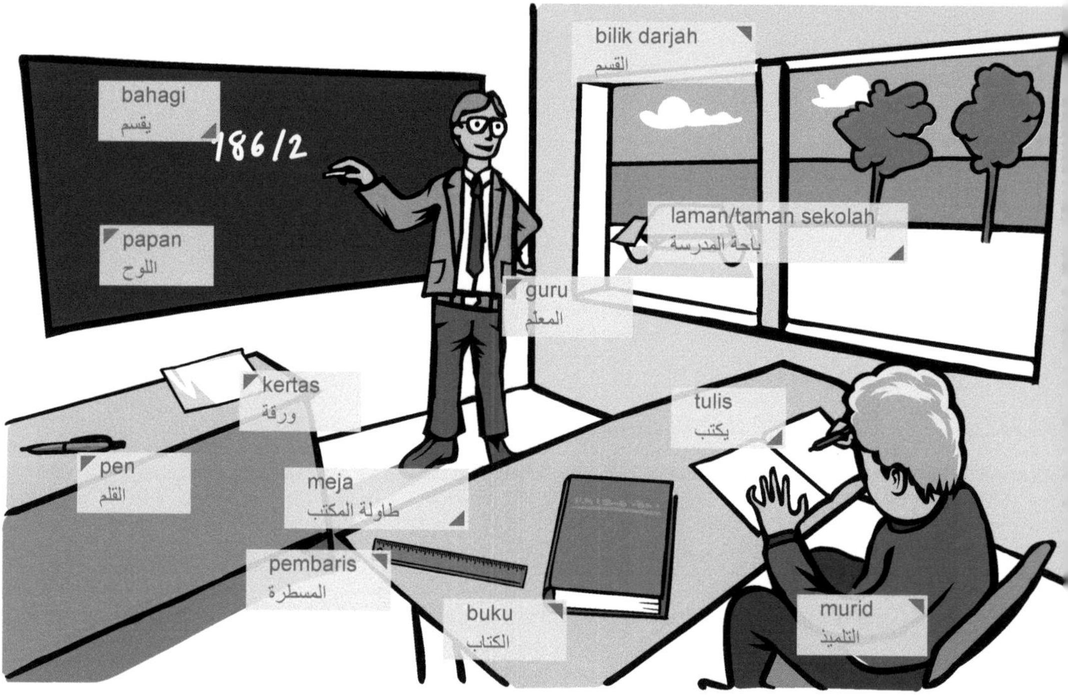

bilik darjah
القسم
bahagi
يقسم
186/2
papan
اللوح
laman/taman sekolah
باحة المدرسة
guru
المعلّم
kertas
ورقة
tulis
يكتب
pen
القلم
meja
طاولة المكتب
pembaris
المسطرة
buku
الكتاب
murid
التلميذ

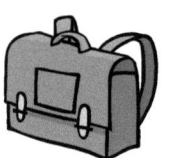

beg galas
الحقيبة المدرسية

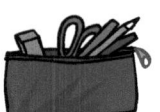

kotak pensel
المقلمة

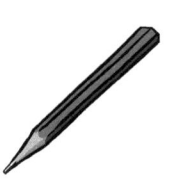

pensel
قلم الرصاص

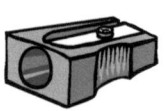

pengasah pensel
البرّاية

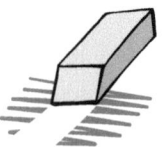

pemadam
المِمحاة

kertas lukisan
دفتر الرسم

melukis

الرسمة

berus lukis

الفرشاة

kotak warna

علبة التلوين

gunting

المقص

gam

المادة اللاصقة

buku latihan

دفتر التمارين

kerja rumah

الواجب المدرسي

12

nombor

الرقم

2+2

tambah

يجمع

5-2

tolak

يطرح

2×2

darab

يضرب

kira

يحسب

A

huruf

الحرف

ABCDEFG HIJKLMN OPQRSTU VWXYZ

abjad

الأبجدية

kata

كلمة

teks

النص

baca

يقرأ

kapur

الطبشور

pelajaran

الحصة

daftar

دفتر الدوام المدرسي

peperiksaan

الامتحان

sijil

شهادة

uniform sekolah

اللباس المدرسي

pendidikan

التعليم

ensiklopedia

الموسوعة

universiti

الجامعة

mikroskop

المجهر

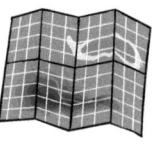

peta

الخريطة

bakul sampah

قماما

berjalan
سفر

hotel
فندق
Grand
asrama
بيت الشباب
ROOMS
pejabat tukaran mata wang
مكتب صرافة
CHANGE
beg pakaian
حقيبة
kereta
سيارة

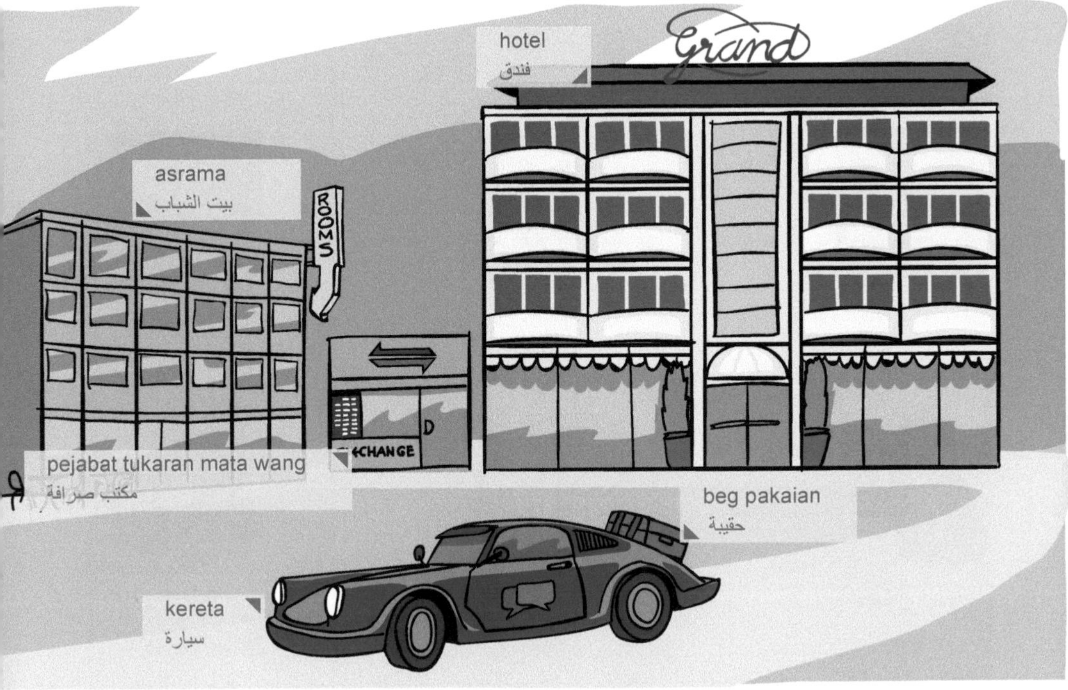

bahasa

اللغة

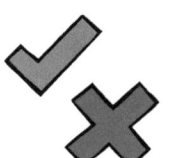

ya / tidak

نعم / لا

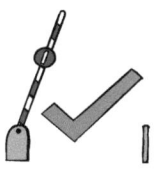

okey

حسناً

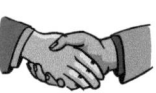

helo

مرحباً

penterjemah

مترجم

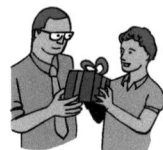

Terima kasih

شكراً

berapa banyak...?

كم ثمن ... ؟

saya tidak faham

لا أفهم

masalah

مشكلة

Selamat petang!

مساء الخير

Selamat Malam!

ليلة سعيدة

Selamat Pagi!

صباح الخير!

selamat tinggal

إلى اللقاء

arah

اتجاه

bagasi

أمتعة السفر

beg

حقيبة

beg galas

حقيبة ظهر

tetamu

ضيف

bilik tidur

غرفة

beg tidur

كيس للنوم

khemah

خيمة

maklumat pelancong

استعلامات سياحية

pantai

شاطئ

kad kredit

بطاقة ائتمان

sarapan

إفطار

makan tengah hari

طعام الغداء

makan malam

العشاء

tiket

بطاقة سفر

lif

مصعد

setem

طابع بريدي

sempadan

حدود

kastam

الجمارك

kedutaan

سفارة

visa

تأشيرة

pasport

جواز سفر

pengangkutan

نقل

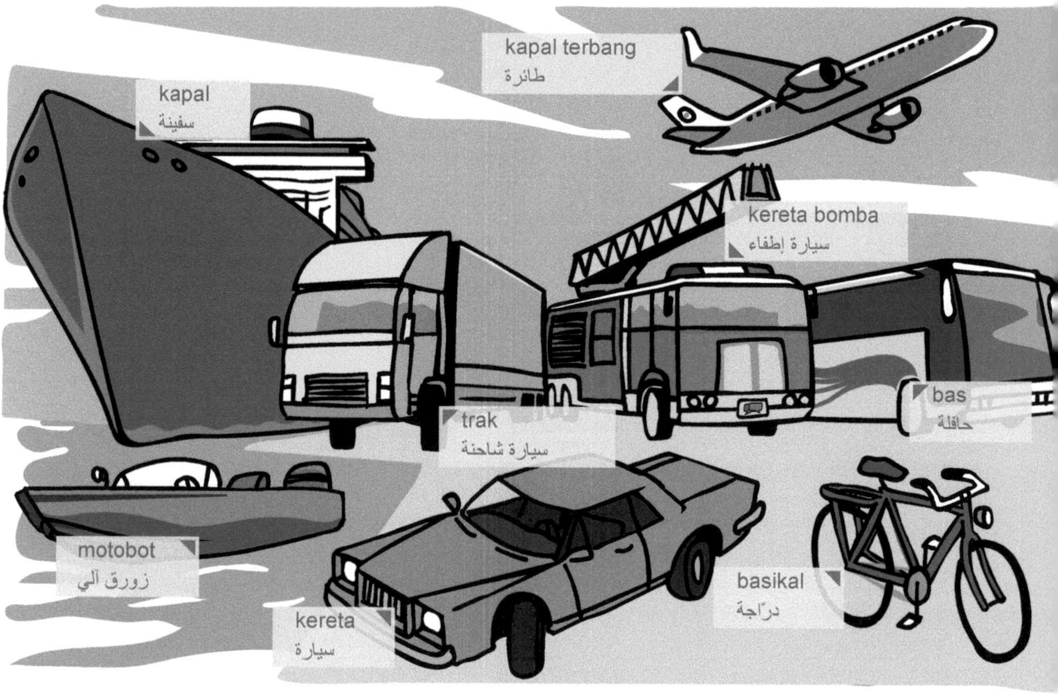

kapal terbang
طائرة
kapal
سفينة
kereta bomba
سيارة إطفاء
bas
حافلة
trak
سيارة شاحنة
motobot
زورق آلي
kereta
سيارة
basikal
درّاجة

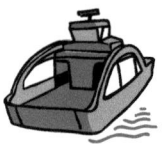

feri

عبارة

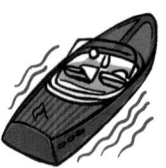

bot

قارب

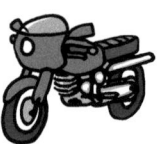

motosikal

دراجة نارية

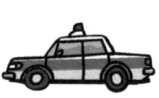

kereta polis

سيارة شرطة

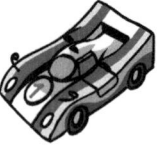

kereta lumba

سيارة سباق

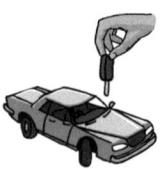

kereta sewa

سيارة مستأجرة

berkongsi kereta

أسلوب تشاركي في استئجار السيارات

trak tunda

سيارة للجر

trak menolak

سيارة نقل القمامة

motor

محرك

bahan api

وقود

stesen minyak

محطة وقود

tanda trafik

إشارة مرور

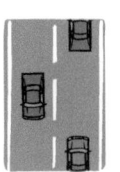

trafik

حركة السير

kesesakan lalu lintas

ازدحام سير

tempat parkir

موقف سيارات

stesen kereta api

محطة قطار

trek

سكك حديدية

kereta api

قطار

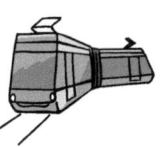

trem

ترام

gerabak

عربة قطار

helikopter

طائرة مروحية

lapangan terbang

مطار

Menara

برج

penumpang

مسافر

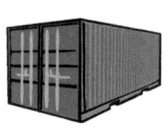

bekas

حاوية

kadbod

علبة كرتون

kart

عربة يد

bakul

سلّة

berlepas / mendarat

يقلع / يهبط

bandar

مدينة

kampung

قرية

pusat bandar

مركز المدينة

rumah

بيت

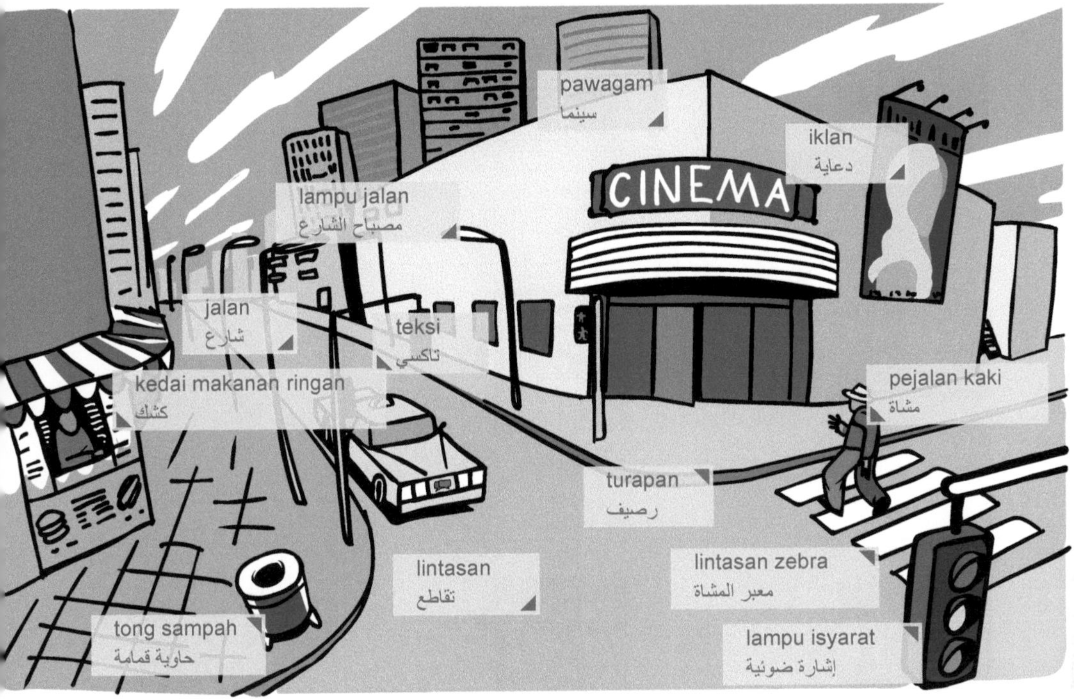

CINEMA

pawagam / سينما

iklan / دعاية

lampu jalan / مصباح الشارع

jalan / شارع

teksi / تاكسي

kedai makanan ringan / كشك

pejalan kaki / مشاة

turapan / رصيف

lintasan / تقاطع

lintasan zebra / معبر المشاة

tong sampah / حاوية قمامة

lampu isyarat / إشارة ضوئية

pondok

كوخ

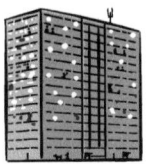

flat

شقة

stesen kereta api

محطة قطار

dewan bandar

دار البلدية

muzium

متحف

sekolah

المدرسة

universiti

الجامعة

bank

مصرف

hospital

المستشفى

hotel

فندق

farmasi

صيدلية

pejabat

مكتب

kedai buku

مكتبة

kedai

متجر

kedai bunga

محل لبيع الزهور

pasar raya

سوبرماركت

pasaran

سوق

gedung

متجر كبير

penjual ikan

تاجر السمك

pusat membeli-belah

مركز تسوّق

pelabuhan

ميناء

taman

حديقة عامة

bangku

مقعد

jambatan

جسر

tangga

درج، سلم

bawah tanah

مترو

terowong

نفق

hentian bas

موقف حافلات

bar

بار

restoran

مطعم

peti surat

صندوق البريد

papan tanda jalan

لافتة باسم الشارع

meter parkir

مقياس زمن الوقوف

zoo

حديقة حيوانات

kolam renang

مسبح

masjid

مسجد

ladang

مزرعة

pencemaran

تلوث البيئة

tanah perkuburan

مقبرة

gereja

كنيسة

taman permainan

ملعب الأطفال

kuil

معبد

landskap

طبيعة ريفية

daun
ورقة

tiang tanda
علامة إرشاد

jalan
طريق

padang rumput
مرج

batu
حجر

pokok
شجرة

pejalan kaki
رحالة

sungai
نهر

rumput
عشب

bunga
زهرة

lembah

وادٍ

bukit

جبل

tasik

بحيرة

hutan

غابة

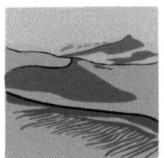

padang pasir

صحراء

gunung berapi

بركان

istana

قلعة

pelangi

قوس قزح

cendawan

فِطر

pokok kelapa sawit

نخلة

nyamuk

بعوض

terbang

ذبَانة

semut

نملة

lebah

نحلة

labah-labah

عنكبوت

kumbang

خنفساء

katak

ضفدعة

tupai

سنجاب

landak

قنفذ

arnab

أرنب

burung hantu

بومة

burung

عصفور

angsa

بجعة

babi jantan

خنزير برّي

rusa

غزال

moose

إلكة

empangan

سد

turbin angin

دولاب الطاحونة الهوائية

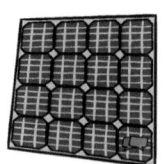

panel solar

خلية شمسية

iklim

مناخ

restoran
مطعم

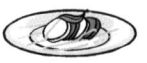

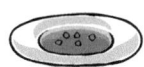

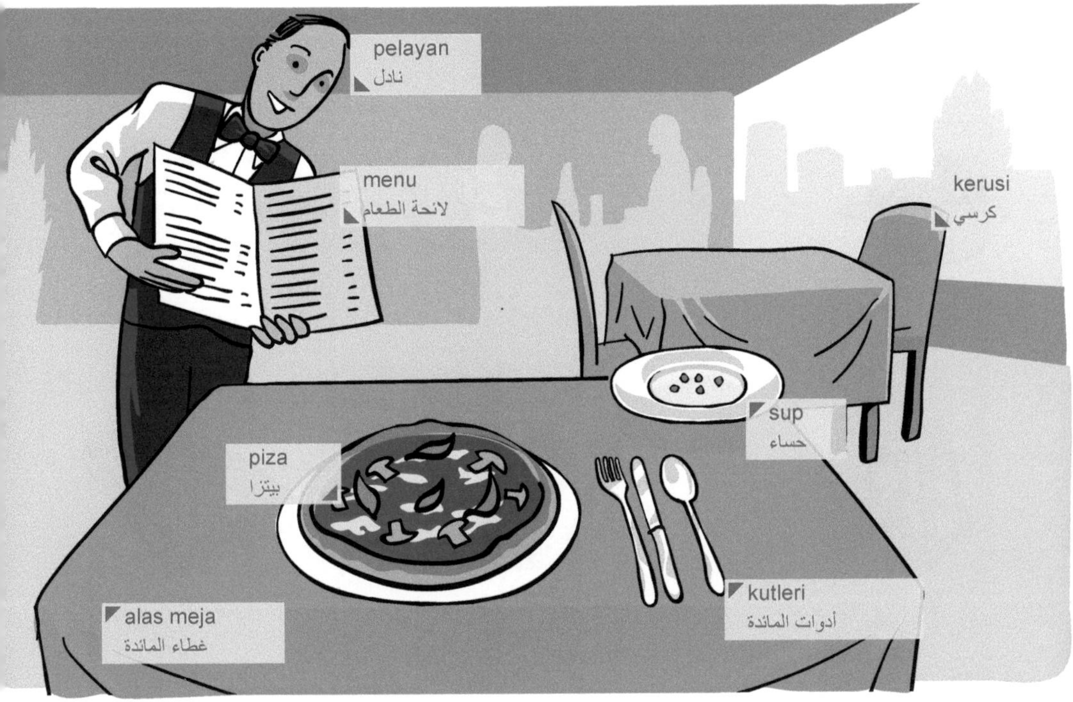
pelayan
نادل
menu
لائحة الطعام
kerusi
كرسي
sup
حساء
piza
بيتزا
kutleri
أدوات المائدة
alas meja
غطاء المائدة

pemula
مقبلات

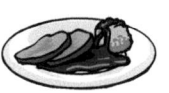

hidangan utama
الصحن الرئيسي

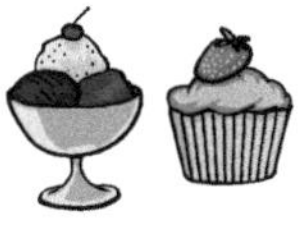

pencuci mulut
حلوى أو فاكهة بعد الطعام

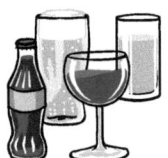

minuman
مشروبات

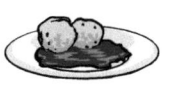

makanan
طعام

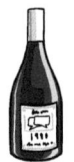

botol
زجاجة

makanan segera

وجبات سريعة

makanan jalanan

طعام الشارع

teko

إبريق الشاي

mangkuk gula

علبة السكر

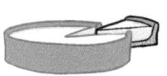

bahagian

حصّة

mesin espreso

آلة الإسبريسو

kerusi tinggi

كرسي عالٍ

bil

فاتورة

dulang

صينية

pisau

سكين

garfu

شوكة

sudu

ملعقة

sudu teh

ملعقة الشاي

serviette

منديل المائدة

gelas

كأس

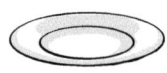

pinggan

صحن

mangkuk sup

صحن الحساء

piring

صحن الفنجان

sos

صلصة

tempat garam

مملحة

pengisar lada

مطحنة الفلفل

cuka

خلّ

minyak

زيت الطعام

rempah

توابل

sos

كتشاب

mustard

خردل

mayones

مايونيز

pasar raya

سوبرماركت

tawaran istimewa
عرض خاص
FOR
pelanggan
زبون
tenusu
مشتقات الحليب
buah-buahan
فواكه
troli
عربة تسوّق

BUTCHERS

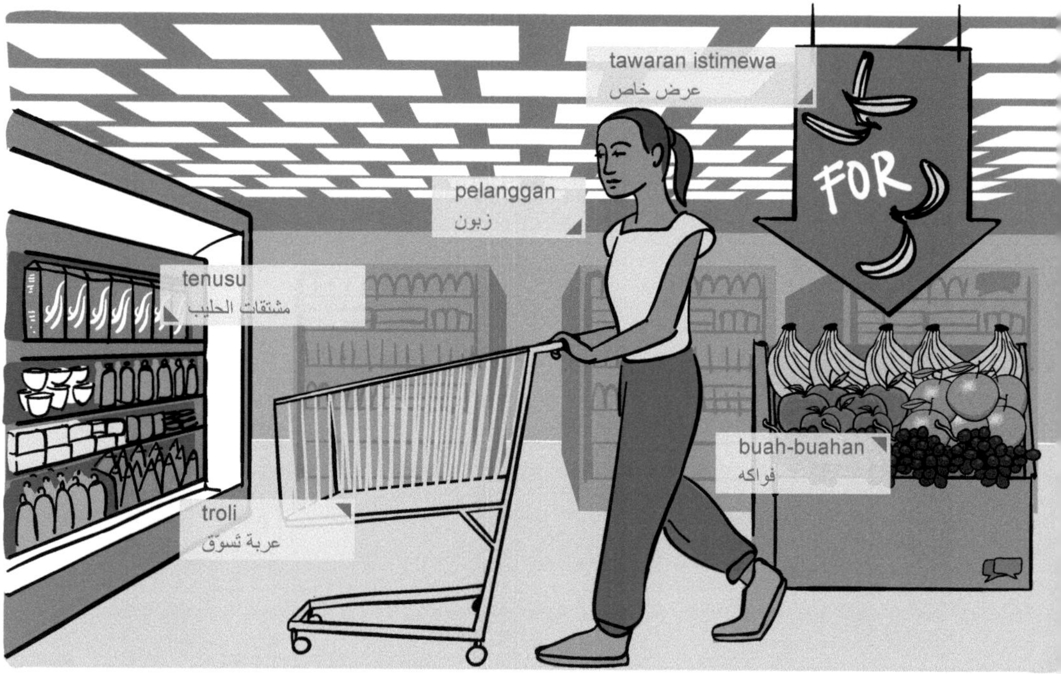

tukang daging

جزّار

BAKERY

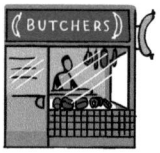

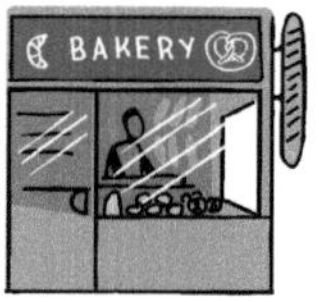

kedai roti

مخبز

berat

يزن

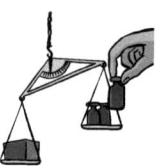

sayur-sayuran

خضار

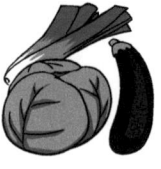

daging

لحم

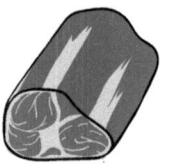

makanan sejuk beku

المأكولات المجمّدة

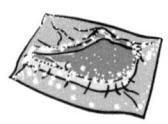

daging sejuk

مرتدلا أو جبن

makanan dalam tin

معلّبات

serbuk pencuci

مسحوق الغسيل

gula-gula

حلويات

produk isi rumah

المواد المنزلية

produk pembersihan

منظّفات

orang jualan

بائعة

daftar tunai

صندوق الحساب

juruwang

أمين صندوق

senarai membeli-belah

قائمة المشتريات

waktu pembukaan

أوقات العمل

beg duit

محفظة النقود

kad kredit

بطاقة ائتمان

beg

حقيبة

beg plastik

كيس بلاستيكي

air

ماء

jus

عصير

susu

حليب

kola

كولا

wain

نبيذ

bir

بيرة

alkohol

كحول

koko

كاكاو

the

شاي

kopi

قهوة

espreso

قهوة إسبريسو

kapucino

كابوتشينو

pisang

موزة

epal

تفاح

oren

برتقال

tembikai

بطيخ

lemon

ليمون

lobak merah

جزرة

bawang putih

ثوم

buluh

خيزران

bawang

بصل

cendawan

فطر

kacang

لوزيات

mi

شعيرية

spageti

سباغيتي

nasi

أرزّ

salad

سلطة

kerepek

بطاطا مقلية

kentang goreng

بطاطا مقلية

piza

بيتزا

hamburger

هامبورغر

sandwic

ساندويش

kutlet

شريحة لحم مقلية

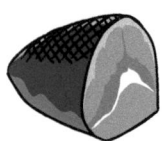

ham

لحم خنزير

salami

سلامي

sosej

سجق

ayam

دجاج

panggang

لحم محمر

ikan

سمك

bubur oat

دقيق الشوفان

muesli

موسلي

emping jagung

كورن فلكس

tepung

طحين

kroisan

كرواسان

roti roll

خبز صغير

roti

خبز

roti bakar

خبز محمص

biskut

بسكويت

mentega

زبدة

dadih

لبن زبادي

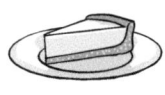

kek

كعكة

telur

بيضة

telur goreng

بيض مقلي

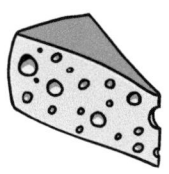

keju

جبنة

ais krim

مثلجات

gula

سكر

madu

عسل

jem

مربّى الفاكهة

krim nougat

كريم النوغا

kari

الكاري

ladang
مزرعة

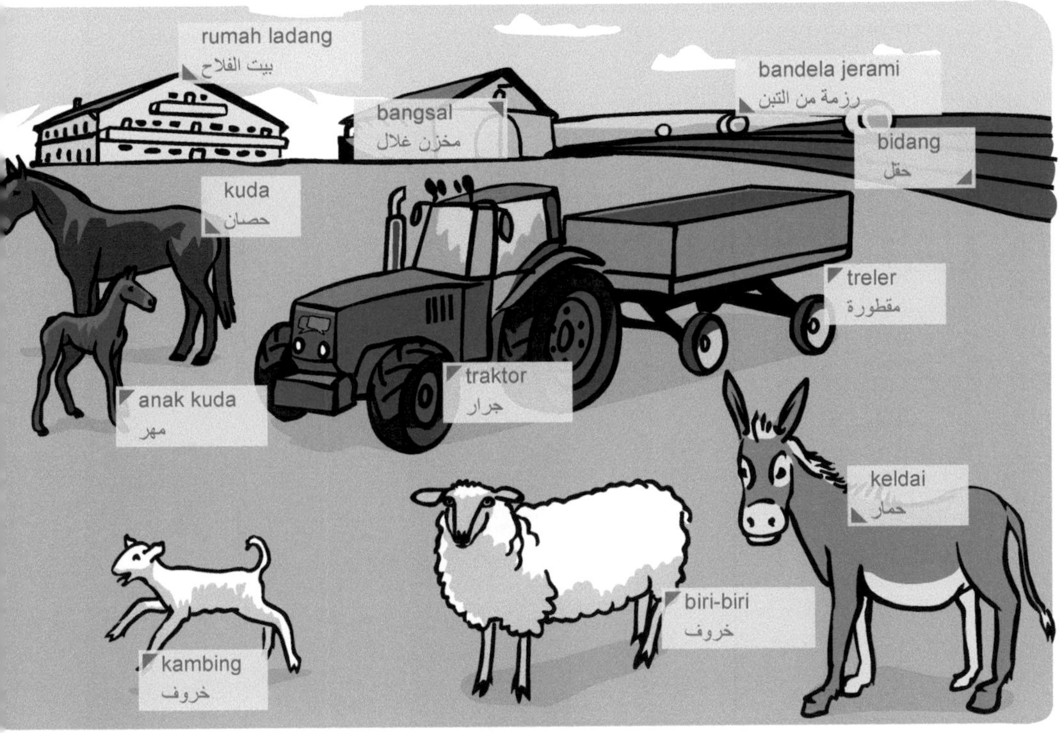
rumah ladang
بيت الفلاح
bandela jerami
رزمة من التبن
bangsal
مخزن غلال
bidang
حقل
kuda
حصان
treler
مقطورة
traktor
جرار
anak kuda
مهر
keldai
حمار
biri-biri
خروف
kambing
خروف

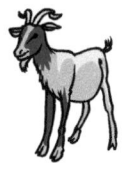

kambing
ماعز

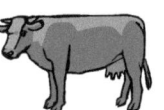

lembu
بقرة

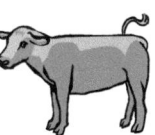

anak lembu
عجل

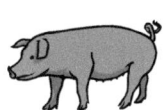

babi
خنزير

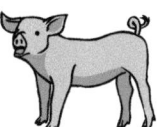

anak babi
خنزير صغير

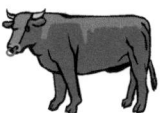

lembu
ثور

angsa

إوزّة

itik

بطة

anak ayam

صوص

ayam betina

دجاجة

ayam jantan muda

ديك

tikus

جرذ

kucing

قطة

tikus

فأر

lembu jantan

ثور

anjing

كلب

rumah anjing

كوخ الكلب

hos taman

خرطوم الحديقة

bekas siraman

إبريق

sabit

منجل

bajak

المحراث

sabit

منجل

cangkul

معزقة

serampang peladang

مذراة الزبل

kapak

بلطة

kereta sorong

عربة يد

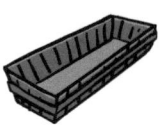

palung

معلف

tin susu

صفيحة الحليب

karung

كيس

pagar

سياج

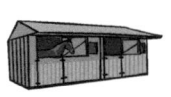

stabil

اصطبل

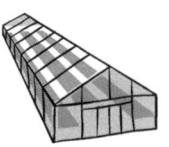

rumah hijau

دفيئة

tanah

تربة

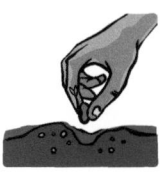

benih

بذور

baja

سماد

jentuai

حصّادة درّاسة

tuai

يحصد

menuai

محصول

keladi

بطاطا يامس

gandum

قمح

soya

صويا

kentang

بطاطا

jagung

ذرة

biji sawi

سلجم

pokok buah-buahan

شجرة فاكهة

ubi kayu

نبات منيهوت

bijirin

الحبوب

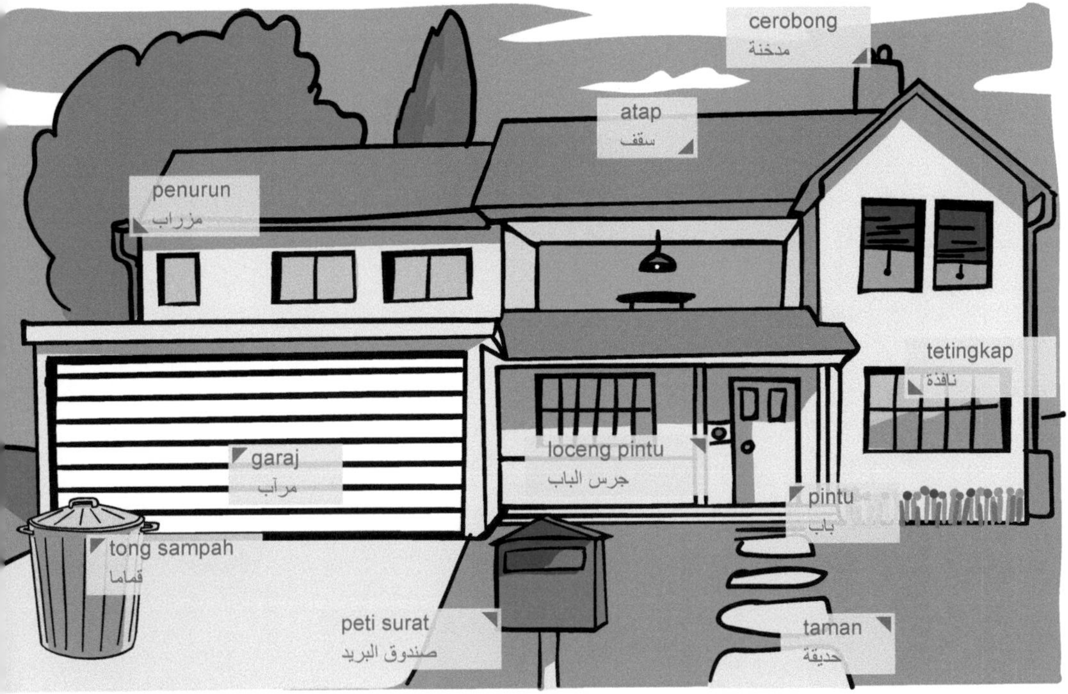

cerobong
مدخنة

atap
سقف

penurun
مزراب

tetingkap
نافذة

garaj
مرآب

loceng pintu
جرس الباب

pintu
باب

tong sampah
قمامة

peti surat
صندوق البريد

taman
حديقة

ruang tamu
غرفة جلوس

bilik air
الحمّام

dapur
مطبخ

bilik tidur
غرفة النوم

bilik kanak-kanak
غرفة الأطفال

ruang makan
غرفة الطعام

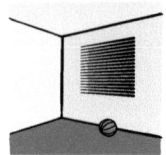

lantai

أرضية

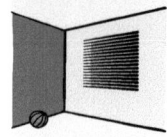

dinding

حائط

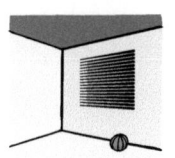

siling

سقف

bilik bawah tanah

قبو

sauna

ساونا

balkoni

بلكون

teres

شُرفة

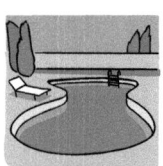

kolam renang

مسبح

pemotong rumput

جزّازة العشب

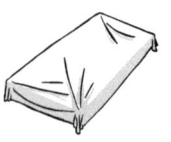

lembaran

بياضات السرير

penutup tilam

بطانية

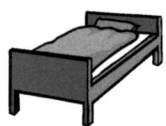

katil

سرير

penyapu

مكنسة

timba

سطل

suis

مفتاح كهربائي

ruang tamu
غرفة جلوس

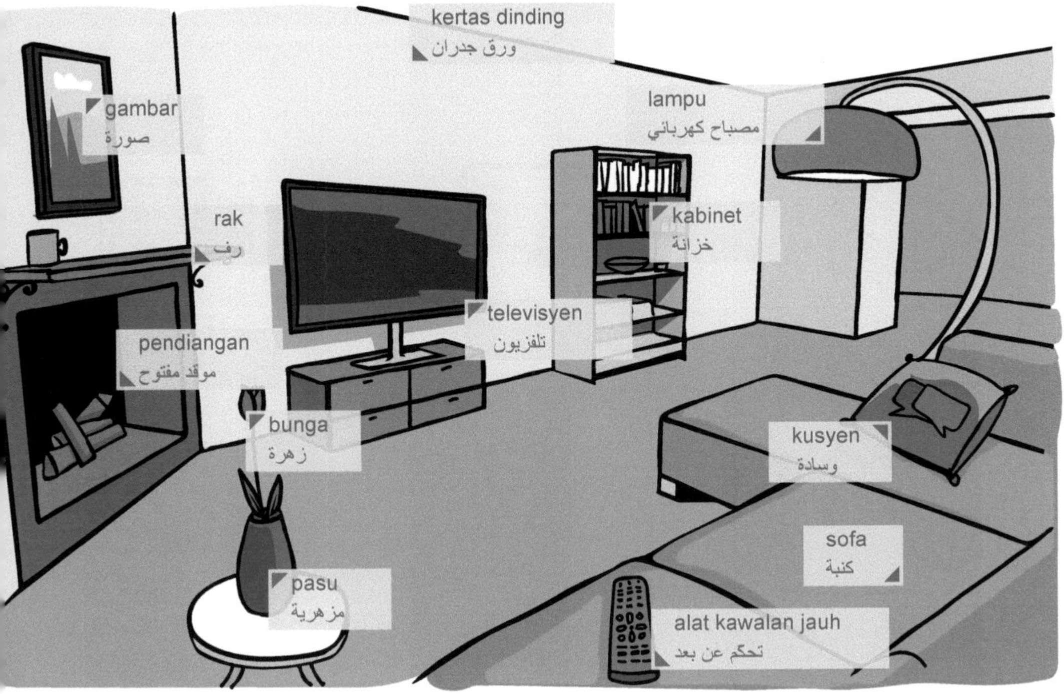
kertas dinding
ورق جدران
gambar
صورة
lampu
مصباح كهربائي
rak
رف
kabinet
خزانة
televisyen
تلفزيون
pendiangan
موقد مفتوح
bunga
زهرة
kusyen
وسادة
sofa
كنبة
pasu
مزهرية
alat kawalan jauh
تحكم عن بعد

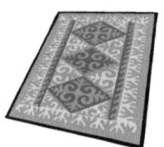

permaidani
بصاط

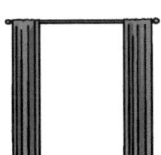

tirai
ستارة

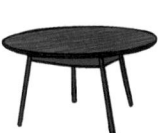

meja
طاولة

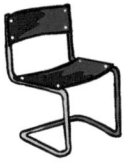

kerusi
كرسي

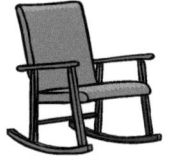

kerusi malas
كرسي هزّاز

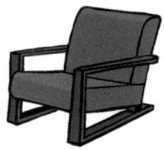

kerusi
كرسي ذو ذراعين

buku

الكتاب

selimut

بطانية

hiasan

زخرفة

kayu api

الحطب

filem

فيلم

hi-fi

تجهيزات ستيريو

kunci

مفتاح

akhbar

جريدة

lukisan

لوحة مرسومة

poster

مُلصق

radio

راديو

buku catatan

دفتر ملاحظات

penyedut habuk

المكنسة الكهربائية

kaktus

صبّار

lilin

شمعة

dapur
مطبخ

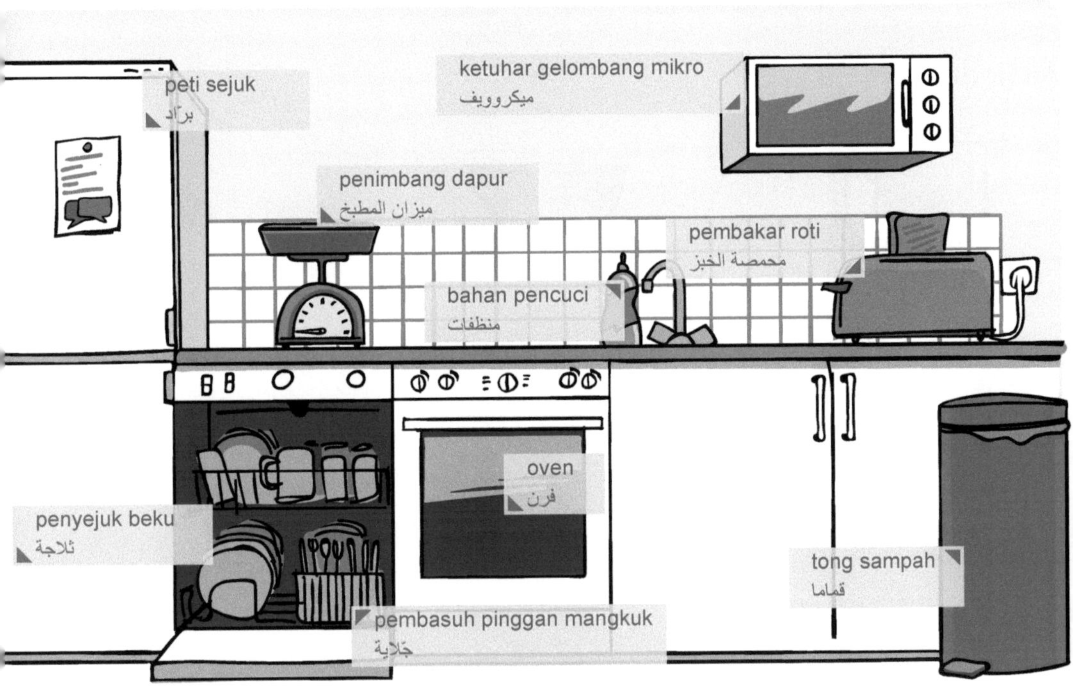
peti sejuk
برّاد
ketuhar gelombang mikro
ميكروويف
penimbang dapur
ميزان المطبخ
pembakar roti
محمصة الخبز
bahan pencuci
منظفات
oven
فرن
penyejuk beku
ثلاجة
tong sampah
قماما
pembasuh pinggan mangkuk
جَلاية

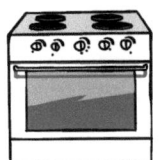

periuk dapur

موقد

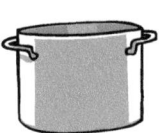

periuk

قِدر

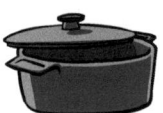

periuk besi

وعاء من الحديد

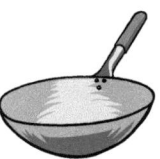

kuali

قدر صيني

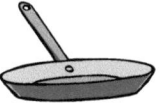

pan

مقلاة

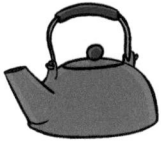

cerek

غلاية

pengukus

قدر البخار

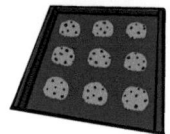

dulang pembakar

صينية

pinggan mangkuk

أواني

koleh

فنجان

mangkuk

صحن

penyepit

عيدان الأكل

senduk

مغرفة

spatula

ملعقة منبسطة

pengadun

خفاقة

penapis

مصفاة

ayak

مصفاة

pemarut

مبشرة

mortar

هاون

barbeku

شواء

pembakaran terbuka

موقد

papan pencincang

لوح التقطيع

pin golekan

نشّابة

skru gabus

مفتاح الزجاجات

tin

علبة

pembuka tin

مفتاح العلب المعدنية

pemegang periuk

قماش الفرن

sinki

مجلى

berus

فرشاة

span

إسفنج

pengisar

خلاط

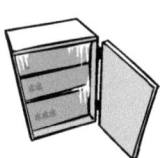

penyejuk beku

مجمّدة

botol bayi

زجاجة الطفل

paip

صنبور الماء

bilik air

الحمّام

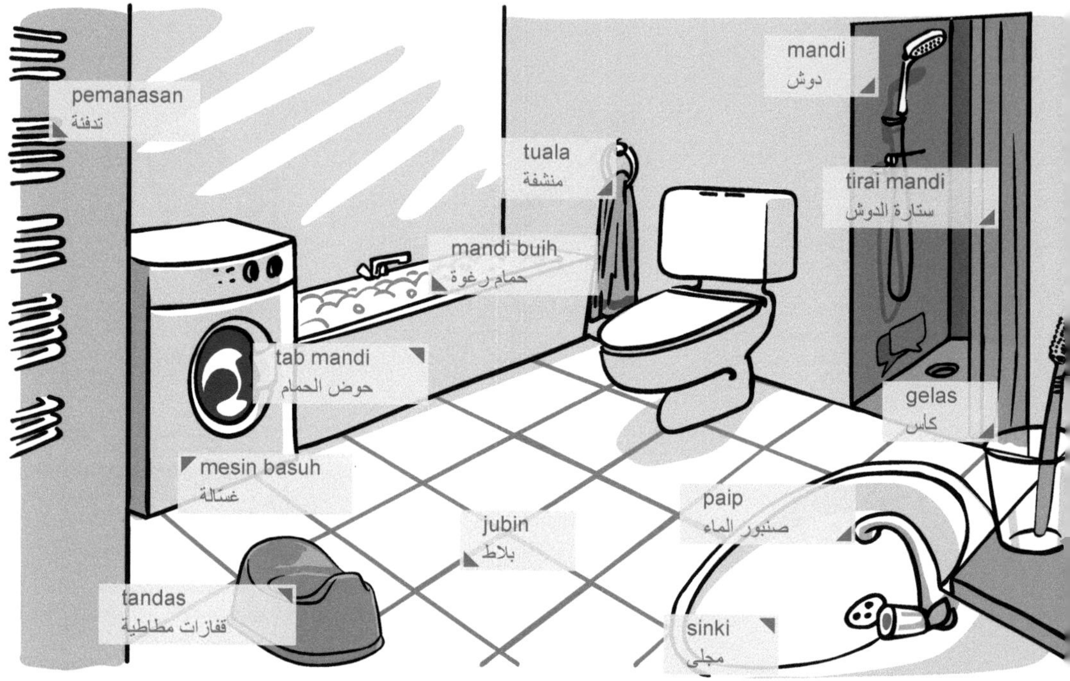

mandi
دوش
pemanasan
تدفئة
tuala
منشفة
tirai mandi
ستارة الدوش
mandi buih
حمام رغوة
tab mandi
حوض الحمام
gelas
كأس
mesin basuh
غسّالة
paip
صنبور الماء
jubin
بلاط
tandas
قفازات مطاطية
sinki
مجلى

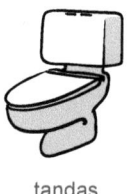

tandas
حمام

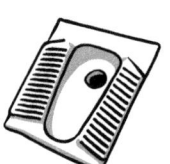

tandas mencangkung
مرحاض القرفصاء

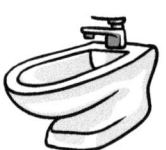

mangkuk tandas
حوض التشطيف

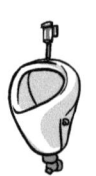

tandas awam
مبولة

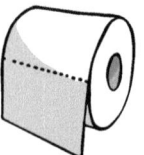

kertas tandas
ورق المرحاض

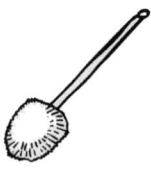

berus tandas
فرشاة الحمام

berus gigi

فرشاة الأسنان

ubat gigi

معجون الأسنان

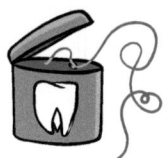

flos gigi

خيط حرير لتنظيف الأسنان

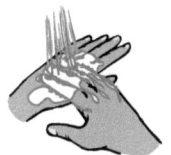

cuci

يغسل

mandian tangan

رشاش ماء يدوي

pancuran

شطاف

besen

حوض الغسيل

belakang berus

فرشاة الظهر

sabun

صابون

gel mandian

جيل الدوش

syampu

شامبو

flanel

ممسحة

longkang

مصرف للماء

krim

مرهم

deodoran

مزيل الروائح

cermin

مرآة

cermin tangan

مرآة يد

pisau cukur

موس حلاقة

busa cukur

رغوة الحلاقة

selepas cukur

كولونيا

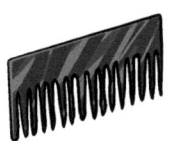

sikat

مشط

berus

فرشاة

pengering rambut

سشوار

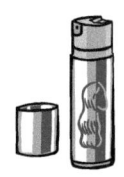

semburan rambut

مثبت للشعر

mekap

ماكياج

gincu

روج

varnis kuku

طلاء أظافر

bulu kapas

قطن

gunting kuku

مقص أظافر

pewangi

عطر

beg basuhan
....
سلة الغسيل

bangku
....
مقعد صغير

skala berat
....
ميزان

jubah mandi
....
معطف الحمام

sarung tangan getah
....
قفازات مطاطية

kapas
....
سدادة قطنية

tuala wanita
....
منشفة صحية

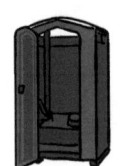

tandas kimia
....
تواليت كيميائية

bilik kanak-kanak

غرفة الأطفال

jam loceng
منبّه
mainan kegemaran
الحيوانات المحنطة
kereta mainan
سيارة لعبة
kerincing bayi
خشخشة
rumah anak patung
بيت الدمى
hadiah
هدية

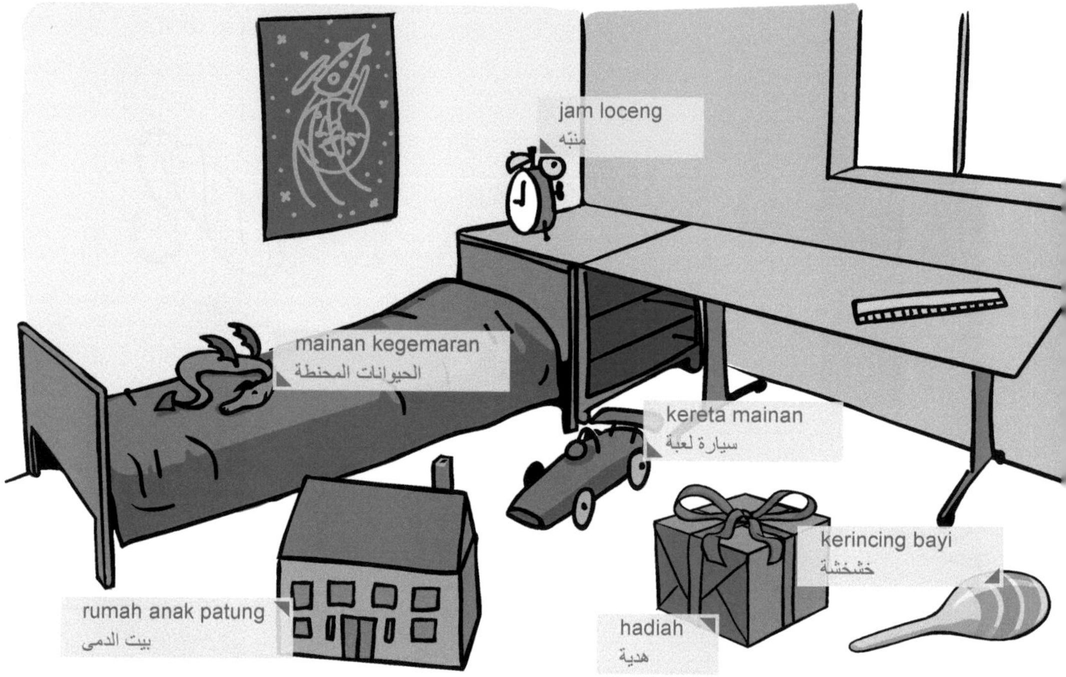

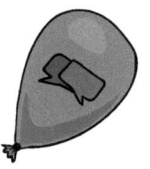

belon

بالون

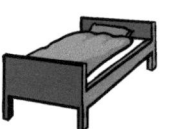

katil

سرير

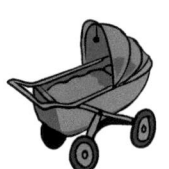

kereta sorong bayi

عربة الأطفال

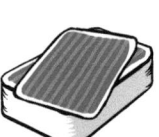

set kad

لعبة الورق

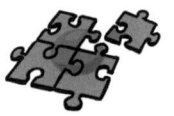

susun suai gambar

أحجية

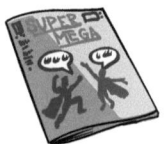

komik

رسوم هزلية

batu bata lego

أحجار الليغو

blok mainan

حجارة تركيب

figura aksi

دمية بطل

baju bayi

لباس الطفل

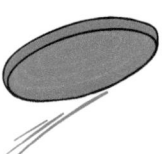

frisbee

فريسبي

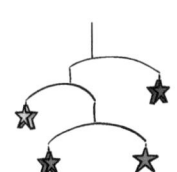

mainan bayi mudah alih

دمية معلقة

permainan papan

لعبة الطاولة

dadu

لعبة النرد

set model kereta api

لعبة قطار

palsu

مصّاصة

parti

حفلة

buku bergambar

كتاب مصوّر

bola

كرة

anak patung

دمية

main

يلعب

lubang pasir

ملعب رملي للأطفال

buai

أرجوحة

mainan

لعبة

konsol permainan video

ألعاب فيديو

basikal roda tiga

دراجة ثلاثية

anak patung beruang

دمية على شكل الدب

almari pakaian

خزانة الثياب

pakaian

ثياب

stoking

جوارب قصيرة

stoking

جوارب طويلة

ketat

جورب بنطلون

skarf
شال

payung
شمسية

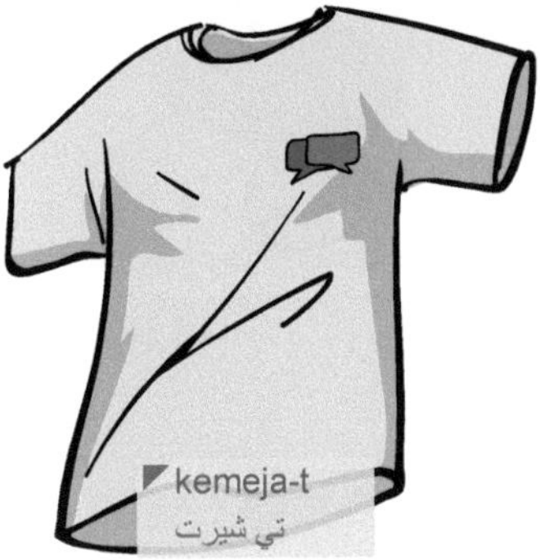

kemeja-t
تي شيرت

keselamatan

but
حذاء شتوي

selipar
شبشب

kasut sukan
أحذية رياضية

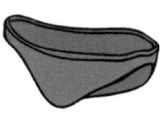

sandal
....
صندل

kasut
....
حذاء

but getah
....
جزمة كاوتشوك

seluar dalam
....
سروال داخلي

coli
....
صدارة

ves
....
قميص داخلي

badan

لباس ملاصق للجسم

Seluar panjang

بنطلون

jean

جينز

skirt

تنورة

blaus

بلوزة

kemeja

قميص

baju panas sarung

سترة قطنية

sweater

كنزة كم طويل

blazer

سترة فضفاضة

jaket

سترة

kot

معطف

baju hujan

معطف مطري

kostum

زي - طقم نسائي

pakaian

ثوب

baju pengantin

ثوب الزفاف

sut

طقم

baju tidur

قميص نوم

baju tidur

بيجاما

sari

ساري

skarf kepala

حجاب

serban

عمامة

burqa

برقع

kaftan

قفطان

abaya/jubah

عباءة

baju renang

مايوه

seluar renang

سروال سباحة

seluar pendek

شرت

sut balapan

بدلة رياضية

apron

مئزر

sarung tangan

قفازات

butang

زر

cermin mata

نظّارة

gelang tangan

إسوارة

rantai leher

عقد

cincin

خاتم

subang

قرط

topi

طاقية

penyangkut kot

علاقة ثياب

topi

قبّعة

tali leher

ربطة العنق

zip

سحّاب

topi keledar

خوذة

pendakap

حمّالة البنطلون

uniform sekolah

اللباس المدرسي

seragam

زيّ موحّد

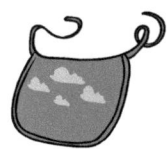

lapik dada

مريلة الأطفال

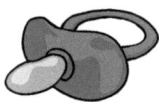

palsu

مصّاصة

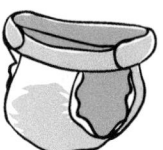

lampin

لفافة

pejabat

مكتب

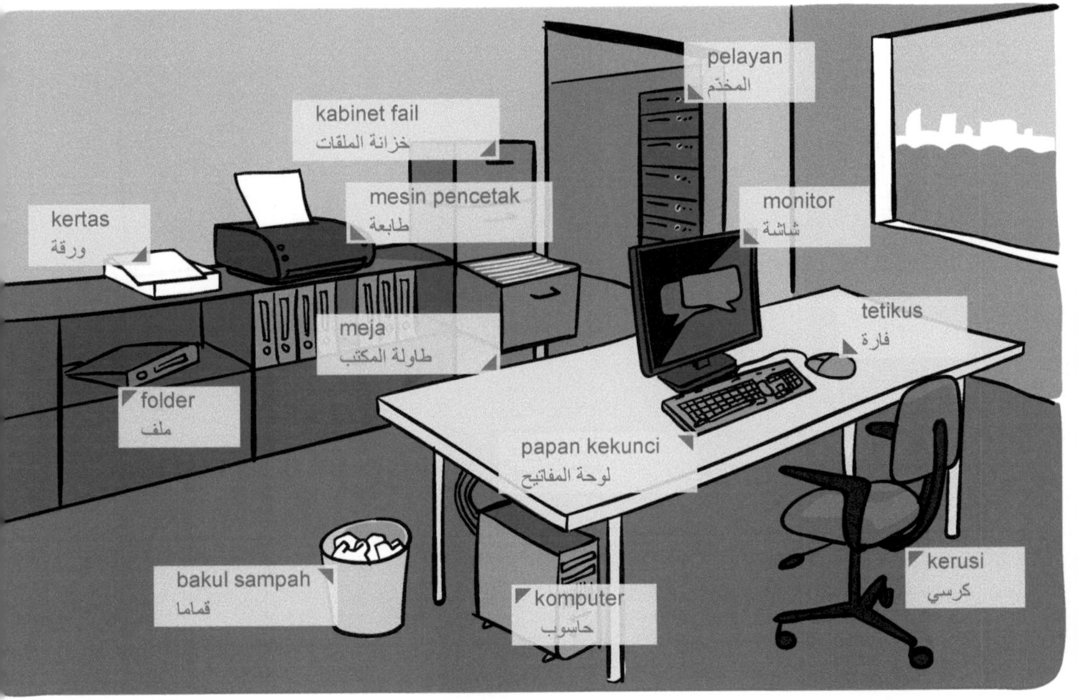

pelayan
المخدّم
kabinet fail
خزانة الملفات
mesin pencetak
طابعة
kertas
ورقة
monitor
شاشة
meja
طاولة المكتب
tetikus
فأرة
folder
ملف
papan kekunci
لوحة المفاتيح
bakul sampah
قمامة
komputer
حاسوب
kerusi
كرسي

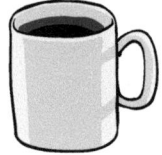

cawan kopi

كأس من القهوة

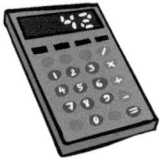

kalkulator

الآلة الحاسبة

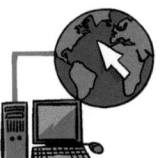

internet

الإنترنت

komputer riba

الحاسوب المحمول

surat

رسالة

mesej

خبر

mudah alih

الهاتف المحمول

rangkaian

شبكة

mesin fotokopi

جهاز تصوير

perisian

البرمجيات

telefon

هاتف

soket plag

مقبس كهرباني

mesin faks

فاكس

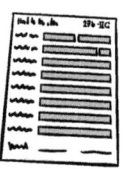

bentuk

استمارة

dokumen

وثيقة

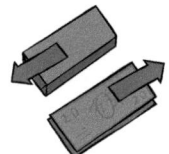

beli
....
يشتري

bayar
....
يدفع

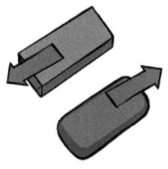

berdagang
....
يتاجر

wang
....
مال

dolar
....
دولار

euro
....
يورو

yen
....
ين

rubel
....
روبل

franc swiss
....
فرنك سويسري

renminbi yuan
....
يوان

rupee
....
روبية

mata tunai
....
صرّاف آلي

pejabat tukaran mata wang

مكتب صرافة

emas

ذهب

perak

فضة

minyak

نفط

tenaga

طاقة

harga

سعر

kontrak

عقد

cukai

ضريبة

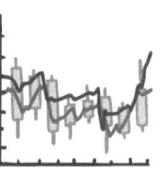

stok

سهم

kerja

يعمل

pekerja

موظف

majikan

رب العمل

kilang

مصنع

kedai

متجر

pekerjaan
المِهَن

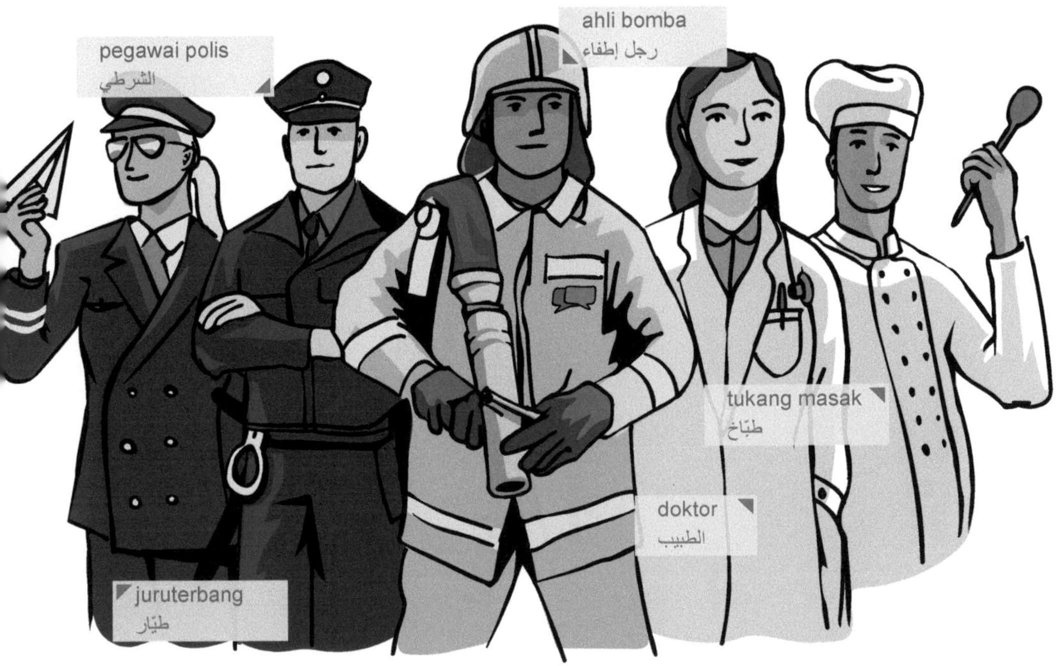
pegawai polis
الشرطي
ahli bomba
رجل إطفاء
tukang masak
طبّاخ
doktor
الطبيب
juruterbang
طيّار

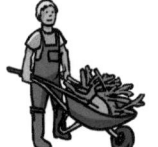

tukang kebun
....
بستاني

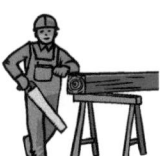

tukang kayu
....
نجّار

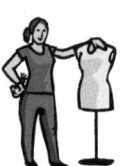

tukang jahit
....
خيّاطة

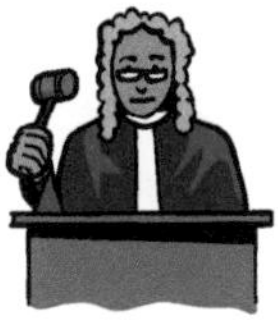

hakim
....
قاضٍ

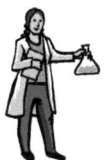

ahli kimia
....
كيميائي

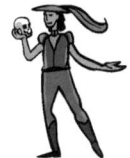

pelakon
....
ممثل

pemandu bas

سائق حافلة

pemandu teksi

سائق تاكسي

nelayan

صياد سمك

wanita pencuci

أجيرة للتنظيف

kasau

بناء سقف

pelayan

نادل

pemburu

صيّاد

pelukis

رسّام

bakeri

خباز

juruelektrik

كهربائي

pembangun

عامل بناء

jurutera

مهندس

penjual daging

لحّام

tukang paip

سمكري

posmen

ساعي البريد

askar

جندي

arkitek

مهندس معماري

juruwang

أمين صندوق

kedai bunga

بائع الزهور

pendandan rambut

حلاق

konduktor

مراقب القطار

mekanik

ميكانيكي

kapten

قبطان

doktor gigi

طبيب أسنان

ahli sains

رجل العلم

tuhanku

حاخام

imam

إمام

sami

راهب

paderi

كاهن

alat

عدة عمل

tukul
مطرقة
playar
كمّاشة
pemutar skru
مفك البراغي
sepana
مفتاح ربط
obor
مصباح يد

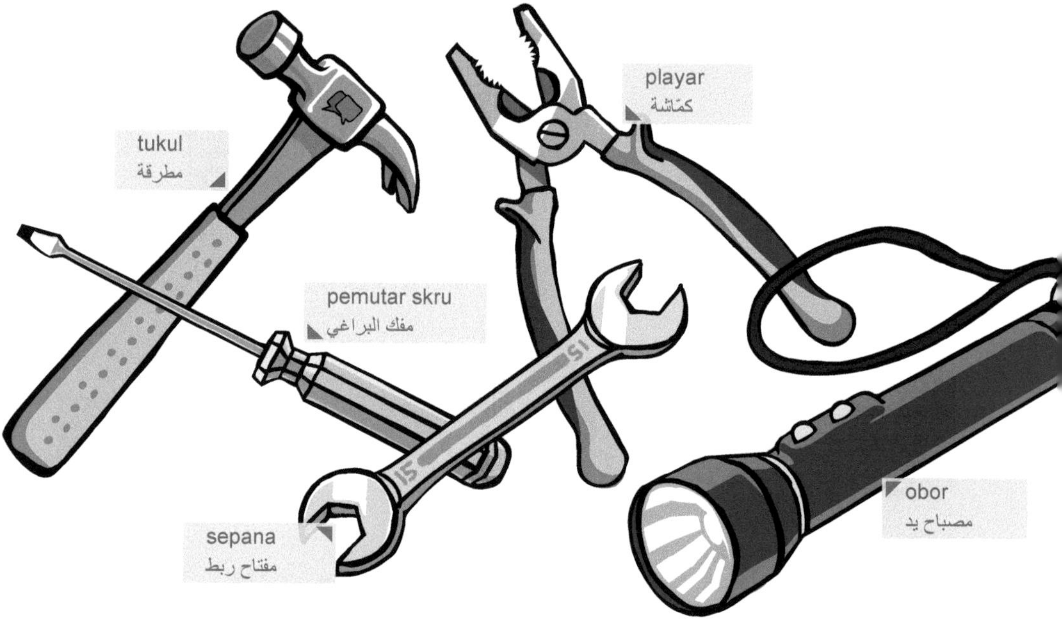

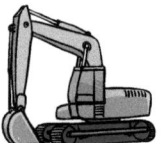

pengorek
جرافة

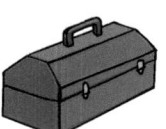

kotak peralatan
صندوق العدة

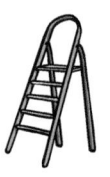

tangga
سلّم

gergaji
منشار

kuku
مسامير

gerudi
مثقب

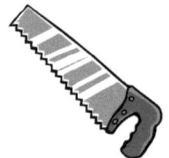

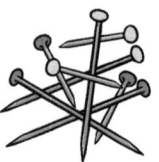

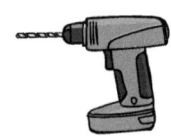

baiki

يصلح

penyodok

مجرفة

Celaka!

اللعنة

penadah sampah

لقاطة الكناسة

periuk cat

سطل الألوان

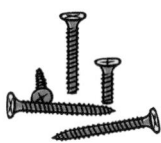

skru

براغي

alat muzik

آلات موسيقية

pembesar suara
مكبر الصوت

perangkat dram
آلات الإيقاع

gitar
غيتار

bass berganda
كمان أجهر

trompet
بوق

piano

بيانو

biola

كمنجة

bass

جهير

timpani

طبل كبير

dram

طبل

papan kekunci

بيانو كهرباني

saksofon

ساكسوفون

seruling

ناي

mikrofon

ميكروفون

ZOO

حديقة حيوانات

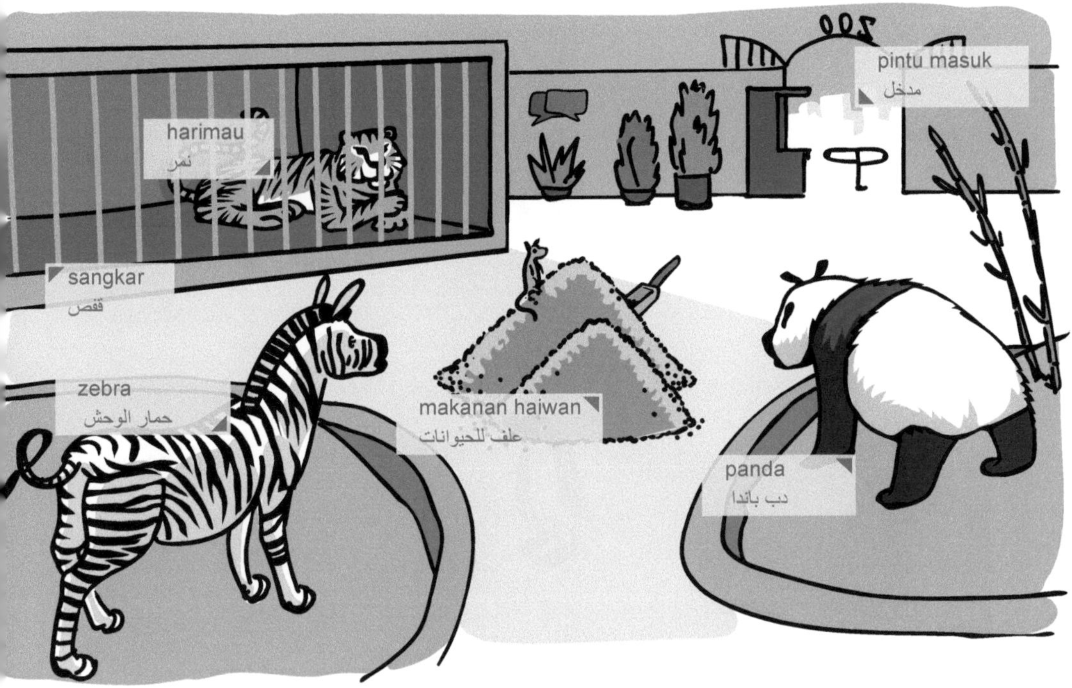

pintu masuk
مدخل
harimau
نمر
sangkar
قفص
zebra
حمار الوحش
makanan haiwan
علف للحيوانات
panda
دب باندا

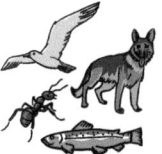

haiwan

حيوانات

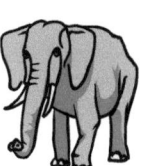

gajah

فيل

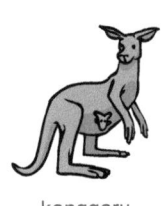

kanggaru

كنغر

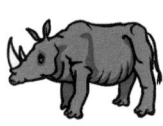

badak sumbu

وحيد القرن

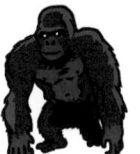

gorila

غوريلا

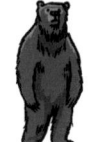

beruang

دب

unta

جمل

burung unta

نعامة

singa

أسد

monyet

قرد

flamingo

طائر فلامينغو

nuri

ببغاء

beruang kutub

دب قطبي

penguin

بطريق

yu

سمك القرش

merak

طاووس

ular

أفعى

buaya

تمساح

penjaga zoo

حارس في حديقة الحيوان

anjing laut

عجل البحر

jaguar

نمر أمريكي مرقط

kuda

فرس قزم

harimau

نمر

badak air

فرس النهر

zirafah

زرافة

helang

نسر

babi jantan

خنزير برّي

ikan

سمك

penyu

سلحفاة

anjing laut

حيوان فظ البحري

musang

ثعلب

rusa

غزال

bola sepak Amerika
كرة القدم الأمريكية

berbasikal
ركوب الدراجات

tenis
كرة التنس

bola keranjang
كرة السلة

renang
السباحة

tinju
الملاكمة

hoki ais
هوكي الجليد

bola sepak
كرة القدم

badminton
الريشة الطائرة

olahraga
ألعاب القوى الخفيفة

bola baling
كرة اليد

ski
التزلج على الثلج

polo
بولو

ketawa
يضحك

lompat
يقفز

peluk
يعانق

berjalan
يمشي

menyanyi
يغنّي

mimpi
يحلم

berdoa
يصلّي

cium
يقبّل

tulis
يكتب

lukis
يرسم

tunjuk
يُري

tolak
يدفع

beri
يعطي

ambil
يأخذ

ada

يملك

buat

يعمل

ialah

يوجد

berdiri

يَقِف

lari

يركض

tarik

يسحب

buang

يرمي

jatuh

يقع

tipu

يستلقي

tunggu

ينتظر

bawa

يحمل

duduk

يجلس

pakai

يلبس

tidur

ينام

bangkit

يستيقظ

lihat pada

ينظر إلى ..

menangis

يبكي

strok

يمسّد

sikat

يمشّط

cakap

يتكلم

faham

يفهم

tanya

يسأل

dengar

يسمع

minum

يشرب

makan

يأكل

mengemas

يرتب

sayang

يحب

masak

يطبخ

pandu

يقود

terbang

يطير

belayar

يبحر بزورق شراعي

kira

يحسب

baca

يقرأ

belajar

يتعلم

kerja

يعمل

nikah

يتزوج

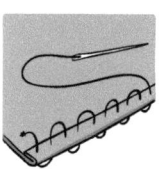

jahit

يخيط

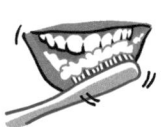

memberus gigi

ينظف أسنانه

bunuh

يقتل

asap

يدخّن

hantar

يرسل

nenek
جدّة

datuk
جدّ

bapa
أب

ibu
أم

bayi
الطفل

anak perempuan
ابنة

anak lelaki
ابن

tetamu

ضيف

mak cik

عمّة / خالة

pak cik

عمّ / خال

abang

أخ

kakak

أخت

badan

الجسم

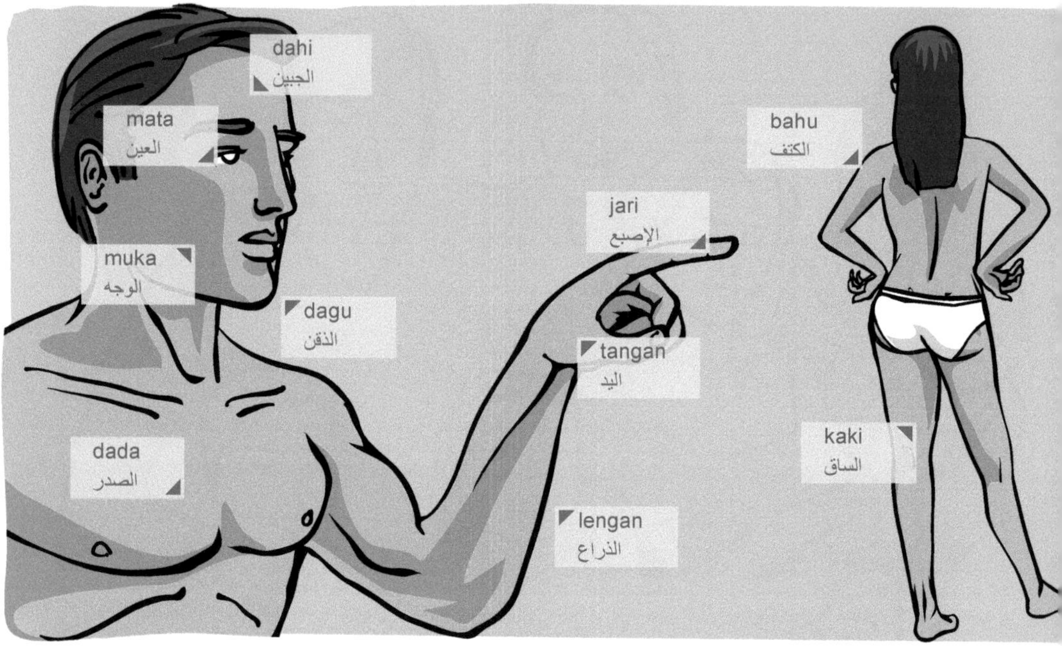

dahi
الجبين

mata
العين

muka
الوجه

dagu
الذقن

dada
الصدر

jari
الإصبع

tangan
اليد

lengan
الذراع

bahu
الكتف

kaki
الساق

bayi

الطفل

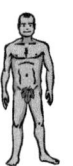

lelaki

الرجل

wanita

المرأة

perempuan

البنت

lelaki

الولد

kepala

الرأس

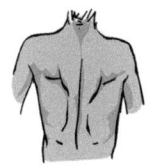

belakang

الظهر

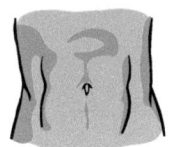

bawah perut

البطن

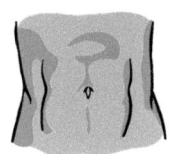

pusat

السرّة

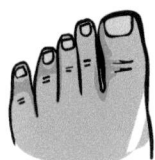

jari kaki

إصبع القدم

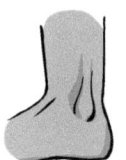

tumit

الكعب

tulang

العظم

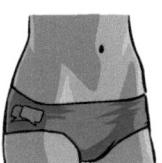

pinggul

الورك

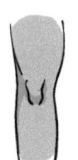

lutut

الركبة

siku

المرفق

hidung

الأنف

bawah

العَجُز

kulit

البشرة

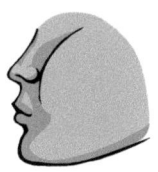

pipi

الخد

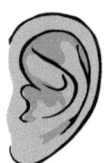

telinga

الأذن

bibir

الشفة

mulut

القم

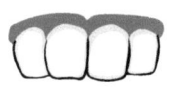

gigi

السن

lidah

اللسان

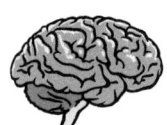

otak

الدماغ

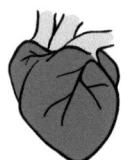

hati

القلب

otot

العضلة

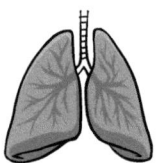

paru-paru

الرئة

hati

الكبد

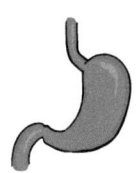

perut

المعدة

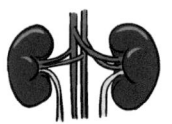

buah pinggang

الكلى

seks

الاتصال الجنسي

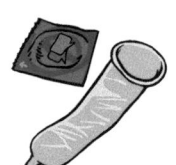

kondom

الواقي المطاطي

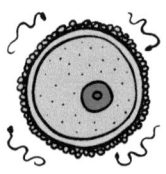

faraj

البويضة

mani

المنيّ

mengandung

الحمل

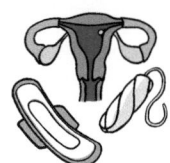

haid

الحيض

faraj

المهبل

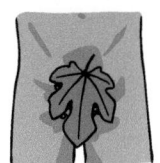

penis

القضيب

kening

الحاجب

rambut

الشعر

leher

الرقبة

hospital
المستشفى

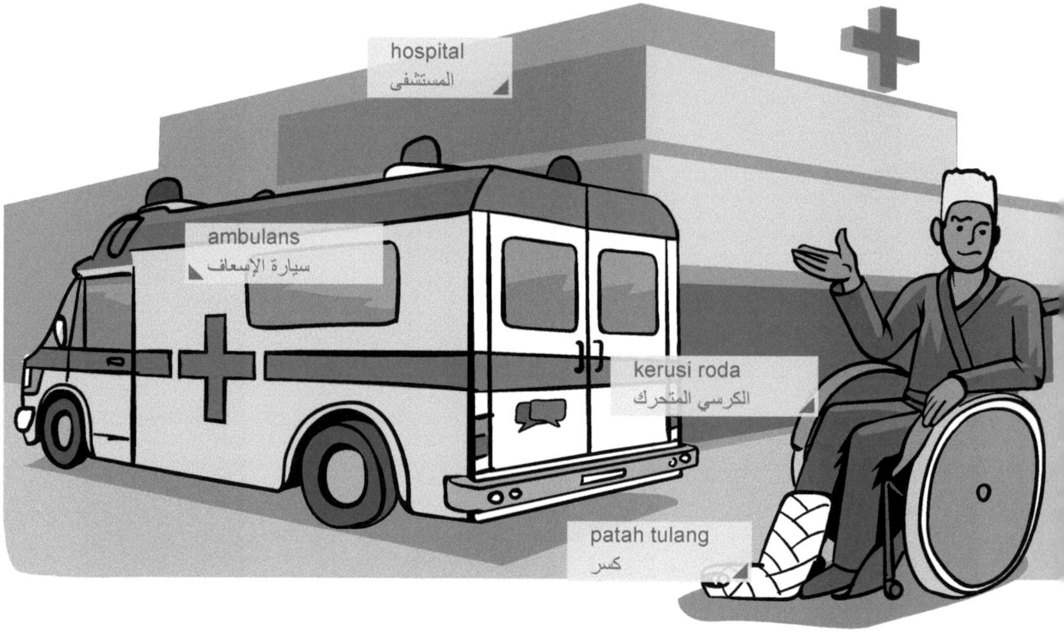

hospital
المستشفى
ambulans
سيارة الإسعاف
kerusi roda
الكرسي المتحرك
patah tulang
كسر

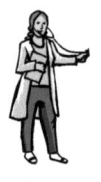

doktor

الطبيب

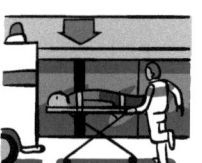

bilik kecemasan

غرفة الإسعاف

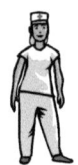

jururawat

الممرضة

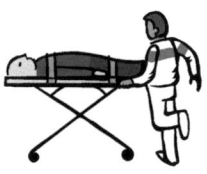

kecemasan

حالة

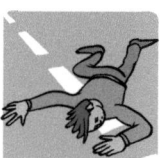

tak sedar

مغمى عليه

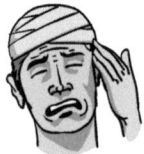

sakit

الألم

kecederaan

إصابة

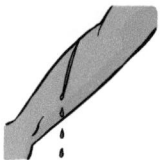

pendarahan

النزيف

serangan jantung

احتشاء القلب

strok

جلطة

alergi

حسسية

batuk

السعال

demam

الحُمَّى

selesema

إنفلونزا

cirit-birit

الإسهال

sakit kepala

وجع الرأس

kanser

السرطان

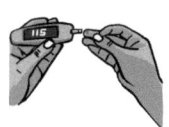

diabetes

مرض السكر

pakar bedah

جرّاح

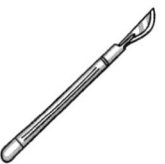

pisau bedah

مبضع

pembedahan

عملية

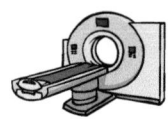

CT

سيتي سكان

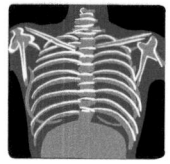

x-ray

الأشعة السينية

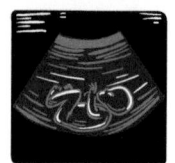

ultrabunyi

فوق الصوتي

topeng muka

القناع

penyakit

المرض

bilik menunggu

غرفة الانتظار

penongkat

العُكّاز

plaster

شريط لاصق

pembalut

ضماد

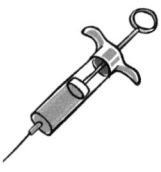

suntikan

حقنة

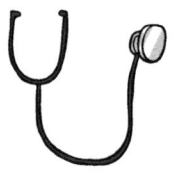

stetoskop

سمّاعة الطبيب

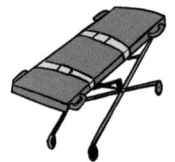

pengusung

نقالة

termometer klinik

ميزان حرارة

kelahiran

ولادة

berat badan berlebihan

وزن زائد

alat pendengaran

جهاز السمع

disinfektan

المواد المعقمة

jangkitan

عدوى

virus

فيروس

HIV / AIDS

الإيدز

perubatan

الطب

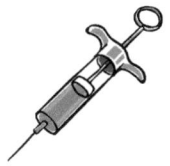

vaksinasi

اللقاح

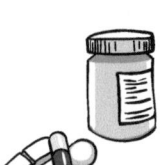

tablet

أقراص الدواء

pil

حبّة الدواء

panggilan kecemasan

نداء النجدة

pantau tekanan darah

مقياس ضغط الدم

sakit / sihat

مريض / صحيح

Tolong!

النجدة!

penggera

إنذار

serang

اعتداء

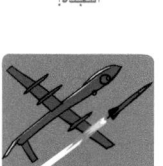

serangan

هجوم

bahaya

خطر

pintu kecemasan

مخرج طوارئ

Api!

حريق!

alat pemadam api

جهاز الإطفاء

kemalangan

حادث

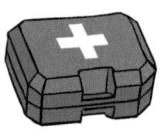

alat pertolongan cemas

حقيبة الإسعاف الأولى

SOS

أنقذونا

polis

الشرطة

Eropah

أوروبا

Amerika Utara

أمريكا الشمالية

Amerika Selatan

أمريكا الجنوبية

Afrika

أفريقيا

Asia

آسيا

Australia

أستراليا

Atlantic

المحيط الأطلسي

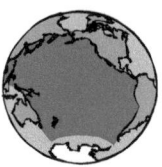

Pasifik

المحيط الهادي

Lautan Hindi

المحيط الهندي

Lautan Antartik

المحيط المتجمد الجنوبي

Lautan Artik

المحيط المتجمد الشمالي

Kutub utara

القطب الشمالي

Kutub Selatan

القطب الجنوبي

Antartika

منطقة القطب الجنوبي

bumi

أرض

tanah

بر

laut

بحر

pulau

جزيرة

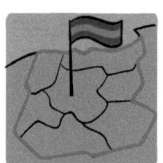

negara

أمة

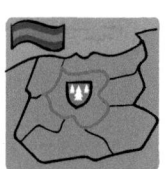

negeri

دولة

muka jam

ميناء الساعة

tangan jam

عقرب الساعات

tangan minit

عقرب الدقائق

terpakai

عقرب الثواني

Jam berapa sekarang

كم الساعة الآن؟

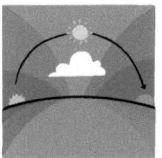

hari

يوم

masa

زمن

sekarang

الآن

jam digital

ساعة رقمية

minit

دقيقة

jam

ساعة

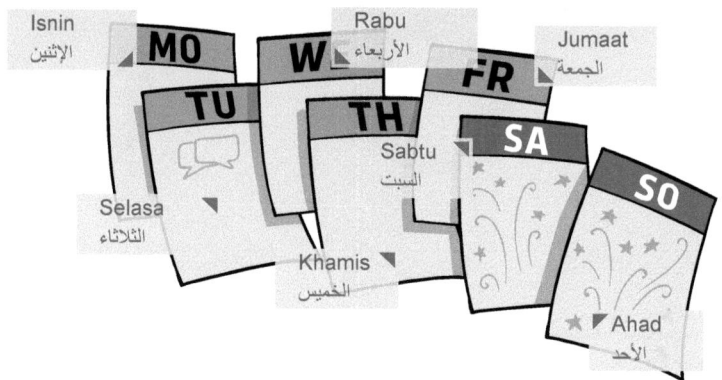

Isnin — الإثنين
MO

Rabu — الأربعاء
WE

Jumaat — الجمعة
FR

TU

TH

SA

Selasa — الثلاثاء

Sabtu — السبت

SO

Khamis — الخميس

Ahad — الأحد

semalam

الأمس

hari ini

اليوم

esok

غداً

pagi

الصباح

tengah hari

الظهر

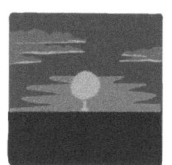

petang

المساء

MO	TU	WE	TH	FR	SA	SU
1	2	3	4	5	6	7
8	9	10	11	12	13	14
15	16	17	18	19	20	21
22	23	24	25	26	27	28
29	30	31	1	2	3	4

hari kerja

أيام العمل

MO	TU	WE	TH	FR	SA	SU
1	2	3	4	5	6	7
8	9	10	11	12	13	14
15	16	17	18	19	20	21
22	23	24	25	26	27	28
29	30	31	1	2	3	4

hari minggu

نهاية الأسبوع

tahun

سنة

hujan
مطر
pelangi
قوس قزح
angin
ريح
salji
ثلج
musim bunga
الربيع
musim panas
الصيف
musim luruh
الخريف
musim salji
الشتاء

4.APRIL 11°
5.APRIL 4°
6.APRIL 13°
7.APRIL 8°
8.APRIL 10°

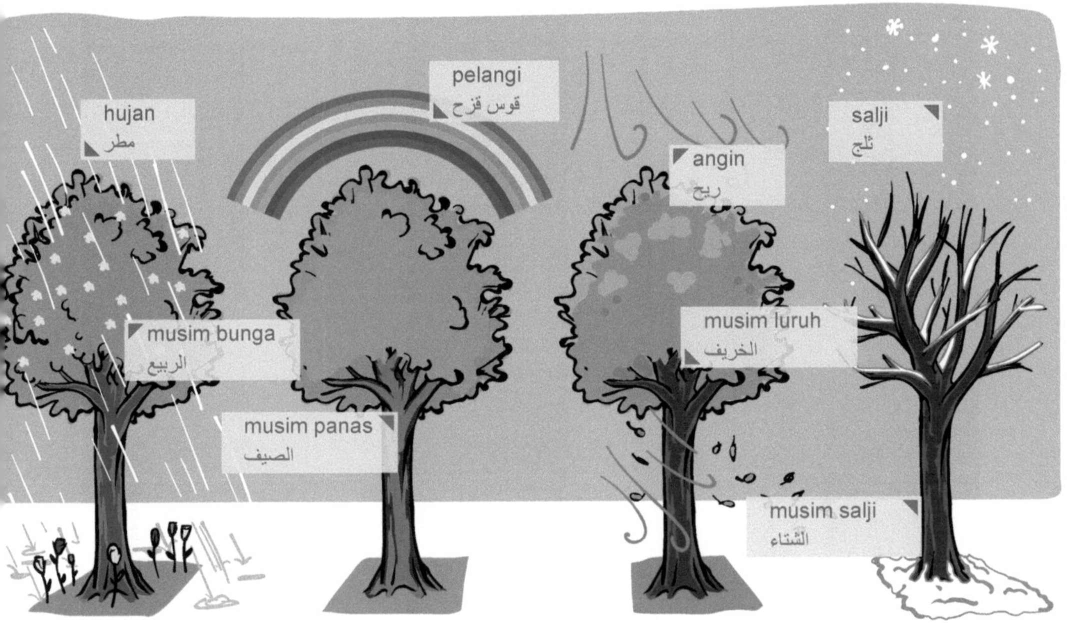

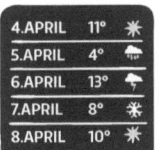

ramalan cuaca

التنبّؤ بالحالة الجوية

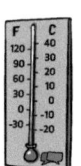

termometer

مقياس حرارة

sinar matahari

ضوء الشمس

awan

سحابة

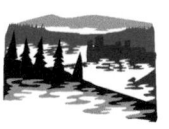

kabus

ضباب

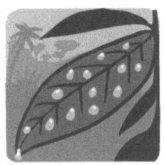

lembapan

رطوبة الجو

kilat

....

برق

petir

....

رعد

ribut

....

عاصفة

hujan batu

....

بَرَد

monsun

....

ريح موسمية

banjir

....

طوفان

ais

....

جليد

Januari

....

كانون الثاني / يناير

Februari

....

شباط / فبراير

Mac

....

آذار / مارس

April

....

نيسان / أبريل

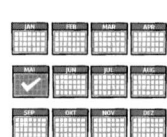

Mei

....

أيار / مايو

Jun

....

حزيران / يونيو

Julai

....

تموز / يوليو

Ogos

....

آب / أغسطس

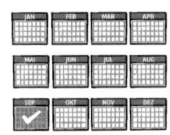

September
....
أيلول / سبتمبر

Oktober
....
تشرين الأول / أكتوبر

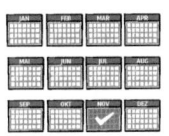

November
....
تشرين الثاني / نوفمبر

Disember
....
كانون الأول / ديسمبر

bentuk
أشكال

bulatan
....
دائرة

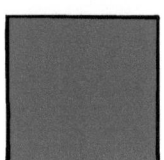

petak
....
مربّع

segi empat tepat
....
مستطيل

segitiga
....
مثلّث

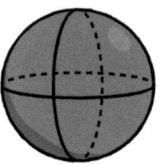

sfera
....
كرة

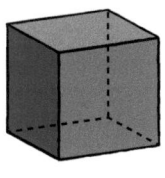

kiub
....
مكعب

putih

أبيض

kuning

أصفر

oren

برتقالي

merah jambu

وردي

merah

أحمر

ungu

بنفسجي

biru

أزرق

hijau

أخضر

coklat

بني

kelabu

رمادي

hitam

أسود

banyak / sedikit

كثير / قليل

marah / tenang

غضبان / هادئ

cantik / hodoh

جميل / قبيح

bermula / tamat

بداية / نهاية

besar kecil

كبير / صغير

terang / gelap

فاتح / قاتم

abang / kakak

أخ / أخت

bersih / kotor

نظيف / وسخ

lengkap / tidak lengkap

كامل / ناقص

hari / malam

نهار / ليل

mati / hidup

ميت / حيّ

luas / sempit

عريض / ضيّق

boleh dimakan / tidak boleh dimakan

صالح للأكل / غير صالح

jahat / baik

شرّير / لطيف

teruja / bosan

مثير / ممل

gemuk / kurus

سمين / نحيف

pertama / terakhir

أولًا / أخيرًا

kawan / musuh

صديق / عدو

penuh / kosong

مليء / فارغ

keras / lembut

صلب / ليّن

berat / ringan

ثقيل / خفيف

lapar / dahaga

جوع / عطش

sakit / sihat

مريض / صحيح

menyalahi undang-undang / undang-undang

غير شرعي / شرعي

pintar / bodoh

ذكي / غبي

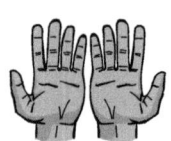

kiri / kanan

يسار / يمين

dekat / jauh

قريب / بعيد

baru / lama

جديد / مستعمل

tiada / sesuatu

لا شيء / بعض الشيء

tua / muda

مسين / شاب

hidup / mati

يشعل / يطفئ

terbuka / tertutup

مفتوح / مغلق

diam / bising

خافت / عالٍ

kaya / miskin

غني / فقير

betul / salah

صح / خطأ

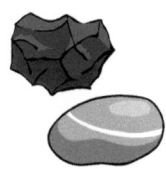

kasar / halus

أحرش / املس

sedih / gembira

حزين / سعيد

pendek / panjang

قصير / طويل

lambat / laju

بطيء / سريع

basah / kering

مبلول / جاف

panas / sejuk

ساخن / بارد

berperang / berdamai

حرب / سلم

0

sifar

صفر

1

satu

واحد

2

dua

اثنان

3

tiga

ثلاثة

4

empat

أربعة

5

lima

خمسة

6

enam

ستة

7

tujuh

سبعة

8

lapan

ثمانية

9

sembilan

تسعة

10

sepuluh

عشرة

11

sebelas

أحد عشر

12

dua belas

اثنا عشر

13

tiga belas

ثلاثة عشر

14

empat belas

أربعة عشر

15

lima belas

خمسة عشر

16

enam belas

ستة عشر

17

tujuh belas

سبعة عشر

18

lapan belas

ثمانية عشر

19

Sembilan belas

تسعة عشر

20

dua puluh

عشرون

100

ratus

مائة

1.000

ribu

ألف

1.000.000

juta

مليون

Bahasa Inggeris

الإنكليزية

Bahasa Inggeris Amerika

الإنكليزية الأمريكية

Bahasa Cina Mandarin

لغة ماندارين الصينية

Bahasa Hindi

الهندية

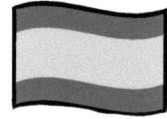

Bahasa Sepanyol

الإسبانية

Bahasa Perancis

الفرنسية

Bahasa Arab

العربية

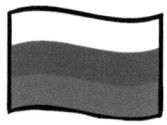

Bahasa Rusia

الروسية

Bahasa Portugis

البرتغالية

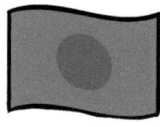

Bahasa Benggali

البنغالية

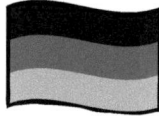

Bahasa Jerman

الألمانية

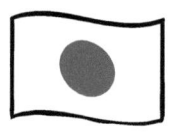

Bahasa Jepun

اليابانية

saya

أنا

anda

أنت

dia / dia / ia

هو / هي

kita

نحن

anda

أنتم

mereka

هم

siapa?

من؟

apa?

ماذا؟

bagaimana?

كيف؟

di mana?

أين؟

bila?

متى؟

nama

اسم

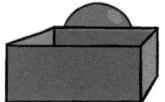

belakang

خلف

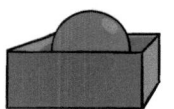

dalam

في

di hadapan

أمام

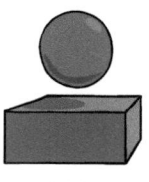

lebih

فوق

pada

على

di bawah

تحت

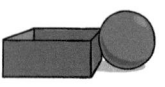

bersebelahan

جنب

antara

بين

tempat

مكان